사진촬영_ 배석원

김윤환

이름의 풍장

애지시선 062

이름의 풍장

2015년 9월 5일 초판 1쇄 발행

지은이 김윤환
펴낸이 윤영진
편 집 함순례
홍 보 한천규
펴낸곳 도서출판 애지
등록 제 2005-5호
주소 300 - 812 대전광역시 동구 대전로 867번길 46 4층
전화 042 637 9942
팩스 042 635 9941
전자우편 ejiweb@hanmail.net

ISBN 978-89-92219-60-0 03810

애지시선 062

이름의 풍장

김윤환 시집

□ 시인의 말

모든 것이 미안하고
모든 것이 고마운
오후가 지나고 있다
흩뿌려진 내 말의 씨앗들
고를 겨를도 없이
또 다시 뱉고 보니
한층 다가오는 마음의 일몰
그냥
그리운 것들 그리워하고
서러운 것들 서러워하며
이 밤을 누려야겠다
그와 함께 새벽을 즐겨야겠다

2015년 말복을 보내며

김윤환

차례

제2부

제3부

제4부

제1부

소금꽃이 피는 자리

소금의 씨앗이 바다로부터 오는 것을 알았던 할배는 바다가 들어 올 때마다 그물 대신 뻘흙을 퍼다가 그녀의 출구를 막곤 했지 갇힌 채 야위어 가던 바다, 일몰이 올 때까지 타들어가던 바다, 어둠이 검은 입을 열고 그를 향해 속삭였지 이제 너는 할배의 첩이 되었어 더 이상 너는 바다가 아니야, 염전鹽田에 염천炎天이 오면 바다의 씨들은 전설처럼 하얗게 피어나고 할배는 그 하얀 꽃들의 씨를 모아 사람들에게 부치곤 했지 마침내 사람들의 내장에도 바다의 씨앗이 들어갔고 그 속에는 검은 바다가 일렁이거나 푸른 눈의 물고기가 혈관을 떠돌곤 하지 바다가 떠난 자리에 할배도 함께 떠나고 빈 염전에는 못 다 핀 하얀 꽃들 문양을 그리며 벽화처럼 남아있었네 할배의 사랑도, 바다의 그리움도 썰물처럼 머언 머언 과거로 돌아가고 있었네

허수아비의 묘비

아비의 몸속에는 마른풀의 심장이 들어있었다
입술은 날마다 죽은 새순처럼 타들어 가고
그의 심장에서는 날마다 천둥이 지나가곤 했다
자신의 머리위로 찾아든 새, 새들
아비는 새와 더불어 태양과의 동침을 이루고
허수는 저 높은 땅의 노래와
낮은 하늘의 노래를 듣는다
아비의 심장이 마른풀의 육신이 될 무렵
늦은 밤 옷 한 벌을 입고
어깨띠 하나 사선으로 걸친 가을이 찾아 왔다
하늘은 눈 없는 아비를 품고
세상에는 허수만 남긴다
빈 들녘에 제 육신을 빠져 나오지 못한
빈사瀕死의 노래가 말뚝처럼
자신의 묘비가 되었다
순환의 이정표가 되었다

적멸시인寂滅詩人

공자孔子의 시는 인간의 언어로 빚어낸 지혜의 놀이터였다 아리스토텔레스의 시는 직관直觀으로 그리는 우주의 모방模倣이었다 다윗의 시는 두려움으로 토해내는 죄인의 최후 진술이었다 역사는 언제나 시인을 분주하게 했지만 시는 가식과 절규의 경계가 되어 말없는 이에게 말을 걸어 주었을 뿐 인간의 어리석음은 역사의 모래시계가 되었고 시는 착시와 착각이 엮어낸 눈물의 목걸이가 되었다

시인은
무언가 앎으로
시를 쓰는 것이 아니라
도무지 알지 못해
쓸쓸히 노래를 부르고는
우주 속으로
사라져버린다
새벽달처럼,

구겨진 집

구겨진 채 여러 대代를 살아 온 집이 있었다
마당 귀퉁이마다 빈한貧寒한 풀꽃이 피고
해마다 알맹이가 서툰 앵두가 자라고 있었다
할배는 새벽마다 헛기침으로 새들을 깨우고
어매는 식은 다리미에 숯을 넣곤 했다
얕은 처마 밑에 고인 그늘에는 타다만
숯덩이 다리미가 식솔들의 가슴을 다렸지만
화상火傷만이 눌러 붙어 주름이 더 짙곤 했다

안개 사이로 햇살이 길을 만들 무렵
구겨진 집은 주름이 깊었지만
먼저 길을 떠난 아버지의 발소리가
젖은 마당을 다림질 하고 있었다
식은 채로, 숨죽인 채로
어매는 오래된 집에 연신 다림질을 했다

제비꽃이 여러 번 피고 지는 동안

할배와 아비와 어미는 주름진 집을 떠나고
아이의 눈에는 그들이 남긴 눈망울이
마당을 하얗게 펴고 있는 것을 보았다
하늘과 마당이 하나가 되는 것을 보았다
하얗게 펼쳐진 집을 보았다

이름의 풍장風葬

이름은 원래 사람의 것이 아니었다 본명의 어깨에 견장처럼 올라 앉아 평산을 넘어 악산을 넘어 구름에 손닿을 듯 산을 오르던 예명이 있었다 험산계곡의 바쁜 물줄기 천둥을 따라 아래로 치닫는 밤에 하구河口 어디쯤에서 마침내 호명呼名에 귀 막고 하얀 포말로 흩어진 이름이 있었다 예명은 상등을 켜고 본명의 장례식을 호상처럼 치루고 있었고 문상객은 저마다의 이름에 검은 리본을 달고 있었다 바람이 불고 있었음으로 향으로 남은 예명도 본명을 따라 마침내 하늘로 떠났으리라 이름은 이제 위패를 장식하는 작은 표식으로만 남았다 이름은 원래 사람의 것이 아니었다

눈물의 카푸치노

상처도 깨어지고 깨어지면

가루가 될 수 있을 거야

시간의 맷돌에 놓인 기억의 분말

마침내 감각도 없는 포말이 되어

갓 짜낸 기름처럼

끈적한 눈물로 내릴 수도 있을 거야

사랑도 이별도

하얀 거품처럼

달콤한 날 올거야

신발로 돌아온 사랑

깊은 바다위로 걸어오는 사랑이 있었다

넘실대는 파도 위로 발목없이 걸어오는 신발이 있었다

떠나야할 곳 때문에 돌아와야 할 곳을 잃어버린 것처럼

사라져 버린 길을 따라 보이지 않게 돌아온 사랑이 있었다

우리는 너를 상처라고 불렀지

신발을 먼저 보낸 영혼은 이따금씩

낯선 시간에 나를 깨우고는

그 이별의 문턱에 함께 눕자 했지

사랑은 흐르지 않는 소용돌이로 남아 있고

만지지도 못하는 그리움은 사방 파문波紋이 되어

아무에게도 알려지지 않는

불치의 병명이 되었다

혼자 남은 신발이 되었다

벚꽃

푸르름보다 백발로 먼저 온 그대

백발이 꽃으로 피어나는 봄날은 가고

백발보다 늦은 푸르른 날이

그대에게 온 것처럼

인생도 백발로 새봄이 시작된다면

하얀 이마로 부터 청춘이 준비된다면

사월 벚꽃으로 핀

어머니 이 빠진 미소

새삼 그리워지는

지난해 유월 그 여름

내 몸에 검객

내 몸에 검객이 살고 있었네

상대의 몸에 닿지 않고도

죽일 수 있는 경지

심장의 혈관보다 먼저 솟구치는

설기상인舌氣傷人의 검기劍技

중원을 떠돌아도

나를 떠나지 않는 푸른 서슬

반백년 내 몸에 살고 있었네

마르지 않는 흑백 사진처럼

급서急逝한 친구의 짐정리를 돕다가 발견한 40년 전 흑백사진의 내 얼굴은 시장좌판에 앉아 계시던 어머니의 때 묻은 수건과 닮았다 반공反共구호와 국민교육헌장의 교실 풍경에는 고개 숙인 아이가 코를 훌쩍이며 선생한테 혼나던 날 누나는 공장으로 형은 학교로 간 사이 아버지의 엽연초葉煙草를 훔쳐 마시다가 아득히 기절했었지 아, 깨어나 보니 하늘은 여전히 노랗고 장사하러간 아버지 대신 오래된 식탁에 앉은 내가 아내의 머리에 하얀 수건을 태극기 하강下降식 보듯 내려다보고 있네

목젖으로부터 허벅지까지 텅 빈 행간行間
40년 현상액이 마르지 않아
아직도 가질 수 없는 흑백사진이네
혼절에서 깨어난 지천명知天命의 이 아침은,

습자지習字紙

하얗게 펼쳐진 시간

어느 순간도

선線 하나 반듯하게 긋지 못했네

생애의 방점傍點들

꽃잎처럼 흩어져

날마다 두려운 손길

오늘도 실수의 먹물이

나이테를 이루네

원圓을 이루네

묵호항에서

날마다 내린 그물
고르다 고르다
마침내 빈 그물만 남은
생애의 어느 오후

섬을 껴안은 바다처럼
누군가 파도가 되어
내 발등을 적셔준다면
내 삶에 붙은 오랜 해초를
뜯어 가 준다면

가을이 찾아 온 묵호항
만선의 깃발보다
폭풍우를 이기고 돌아오는
빈 배의 귀항에
내 발길이 설렌다

틈

날마다
암벽을 탄다

누군가의 빈틈이
내 삶의 계단이
되어 주었던 것처럼

숭숭 뚫린 내 빈틈
누군가 타고 올라
메마른 꽃봉오리에
이슬이 되어준다면

내 빈틈 사이사이
향기로
채워진다면

달에게

어느 날
너의 곁눈질이 멀미가 되어
바다가 먹물을 토하고
네가 등을 돌릴 때
혈관에는 파도가 일렁거렸다

자전과 공전의 약속
닿을 듯 닿을 수 없는
멀어질 듯 멀어질 수 없는
외눈박이 눈동자에
서로의 그림자를 드리우고

내가 선 자리
너도 서 있고
네가 선 자리
나도 서 있고

시화호 수문

나를 잠근다는 것이

얼마나 외로운 일이냐

나를 연다는 것이

얼마나 두려운 일이냐

세상을 향해 빗장을 걸고

세상을 향해 나갔다가

제 몸의 드리운 빗장에

세상 그림자가

충혈의 무늬로 남았다

하중동 연가蓮歌

시흥 관곡지의 가을밤에

달빛이 못의 뿌리가 되는 것을 보았다

어둠으로 깔린 수면위로 초롱을 밝히고

죽어도 죽지 않는 심지를 보았다

햇살이 꽃등을 찌를수록

암연黯然으로 숨구멍을 내는

꺼질 듯 꺼지지 않는

빛의 뿌리를 보았다

꽃이 어둠을 켜켜이

껴안은 것을 보았다

제2부

쌍둥이 우화寓話

어느 바닷가에 일란성 쌍둥이 형제가 살고 있었다 그들만의 관습을 따라 살던 중 해적이 들이닥쳐 형제식구들을 수탈해 가자 먼 이웃 가까운 이웃마을 사람들이 이 형제를 도와주는 냥 들어와 쌍둥이 형제를 각각 자기 머슴으로 삼고 형제를 미워하는 생각을 심어주고 이러쿵 저러쿵 간섭하며 살기 시작했다 어느 때 쌍둥이 형제는 원래 형제가 아니라 자신 하나만 제 집의 주인인 줄로 믿게 되었다 결국 멀지 않아 형제는 서로 죽이기로 했고 싸움을 시작했다 도와준다던 이웃들은 그 싸움에 낫도 빌려주고 도끼도 빌려주어 그 형제의 처자식을 죽이도록 방조했다 두 형제가 죽을 지경이 되자 야비한 이웃은 쌍둥이들 싸움을 말렸다 그리고 그 집과 마당에 금을 긋고 서로 침범도 교통도 못하게 했다 형제는 마침내 완전한 원수가 되었다 말리던 이웃이 때때로 싸움을 붙일 때마다 형제는 공분하여 이웃집 낫이나 도끼를 수시로 사다가 서로를 위협했다 두 동강난 집에 각각의 창고를 만들고 그곳에는 늘 낫과 도끼와 포승줄을 들여놓았다 그리고 수 십 년이 지나고 아랫방 형제가 마당의 금을 지우고 좀 자유롭게 다닐 것을 제안했다 아랫방 자손들 중 낫을 사들이던 자손들이 들고 일어났다 저 원수들과 같이할 수 없다고 금을 지우자고 한 놈은 적이라고 그 형제의 내력을 아는 어른이 아무리 이 금은 원래 없었던 것이라고 해도 아랫방 자손들은 금線을 목숨처럼 지키고자 했다

그 금에 이름 붙이고 노래 불렀다
에넬넬 에넬넬 얼래리 꼴래리
에넬넬 에넬넬 얼래리 꼴래리

일란성 쌍둥이는 서로 괴물이 되어
에넬넬 에넬넬 얼래리 꼴래리
에넬넬 에넬넬 얼래리 꼴래리

어른들이 울건 자손이 울건
동네사람이 웃건 이웃이 웃건

가족이 죽건 자손이 죽건
목숨 바쳐 지키자고
얼래리 꼴래리 에넬넬 에넬넬
얼래리 꼴래리 에넬넬 에넬넬
얼래리 꼴래리 얼래리 꼴래리

말복기행末伏紀行

1.

층층으로 쌓인 닭들을 보네
그 깃털에 앉은 햇살
마치 때를 다한 노인의 지팡이처럼
하나씩 그 몸에서 떨어지네

인간의 입은
저들의 햇살을 삼키는 동굴
깃털 뽑고 맴맴
햇살 뽑고 맴맴

2.

떼지어 가는 개들의 꼬리를 보네
죽음을 향해 미친 듯 그려내던
장승업의 붓털처럼
검게 엉킨 사람들의 입맛을 따라

한 무리의 개들이
순서를 기다리고 있네

오늘이 지나면
인간의 몸속에는 개들이 살겠네
밤마다 컹컹거리며
짖어대겠네

팽목항彭木港

자신의 음부를 쳐든 채 누워있는 여객선
우리는 아이들의 편지보다
몇 시간씩 늦었고
결국 만날 수 없었다

아이들의 노래가
지폐계수기 소리에 묻혀갈 무렵
엄마는 무저갱의 문을 열었다

아, 하늘은 있는데 창문이 없는 지옥
아이들은 검은 바닷물을 마시며
지옥선을 퇴선했고
엄마는 아직도
바닥없는 지옥을 헤매고 있었다

어둠이 초생달을 삼킬 무렵
팽목항에는

악마의 눈물이

지상의 밤을 밝히고 있었다

내 입에 줄

살아있는 것들은

다 줄을 탄다

담쟁이도 줄을 타고

수세미도 줄을 타고

젖은 옷가지도 줄을 타고

강아지도 주인의 줄을 타고

사람도 사람의 줄을 탄다

입에 얽힌 줄로 사는 거미처럼

나도 줄에 매달려 살다

줄에 감겨 죽어간다

내 입에 팽팽한 줄

더러는 노래의 현絃이 되고

더러는 활의 현이 된다

난독증難讀症

박씨는 정의를 자유라고 읽었다
김씨는 정의를 민족이라고 읽었다
부씨는 정의를 힘이라고 읽었다
오씨는 정의를 질서라고 읽었다
노씨는 정의를 평화라고 읽었다
이씨는 정의를 시장이라고 읽었다
붓다는 정의를 무욕이라고 읽었다
예수는 정의를 사랑이라고 읽었다
애비는 정의를 민주주의라고 읽었다
아들은 정의를 취업이라고 읽었다
시인은 정의를 괴물로 읽는다

사람들은
저마다 괴물 하나씩 키우며
그것을 정의라고 읽는다
정의라고 믿는다

효자정각

치매 걸린 아버지의 말동무가 되기 위해 낙향했다던 효자 하우명의 이야기를 듣노라면 조실하신 선친께 감사하고 시대가 삭막함이 핑계가 되니 다행이구나 신천리 하우명 효자정각 속의 하우명은 화석처럼 숨을 멈추고 소산서원의 명심보감도 쌩쌩 달리는 산업도로 화물트럭에 묻혀 버렸네

수 백년 제례를 지내는 동안
이끼 낀 돌비석
그저 소래산 미륵불만
물끄러미 내려다보고 있네

성산 일출봉

성산 일출봉에 해를 보러 갔다가
해는 보지 못하고
저 아래 까맣게 줄 지어 올라오는
사람들 보았네
바다를 메워 만든 길 위로 달리는
시외버스를 보았네
탈탈탈 경운기를 타고 손 흔드는
늙은 해녀를 보았네
거기 뒤 따르는
강아지를 보았네
멀리서 달려오는
우체부를 보았네

성산 일출봉에 해를 보러 갔다가
해는 보지 못하고
해 없으면 못 볼 것들
눈 시리게 보았네

바람이 세상에게
편지를 쓰는 것을 보았네

떠나지 않는 손님

교회 강대상 아래 놓았던
꽃꽂이 수반에
물은 마르고 꽃은 졌는데
새벽 예배당 가득한
시든 꽃의 향기

어머니 빈소에
울며 마셨던 분향처럼
울며 기도하는 이에게
찾아오는 시듦

목마른 꽃들이 모여
마시다 마시다
바닥이 드러난 수반 위에
떨어진 꽃잎
갈증의 끝에서 나오는 향

사람은 사라져도
그리움은 남고
꽃은 져도
향기는 그대로인 것처럼

마늘

매끈하게 하늘로 입 벌린 마늘꽃
오월의 단내 아래 햇살 머금은 육쪽의 눈물 알갱이

꽃만 하늘로 향한다고 잎새만 바람을 느낀다고
네게만 어둠을 둘렀다고
원망하지 마
우울해 하지 마
그 슬픔 애써 피하지도 마

세상은 매운 것 투성이
빈틈없이 눈물이 여물어
벗을수록 새하얀 속살

연필을 깎다가

공부방 태성이는 한 시간 공부하면서 연필심을 예닐곱 번 부러 뜨린다 눌러 쓰다가 부러지고 또 힘주어 쓰다가 부러지고 딴전 피우다 부러지고 떨어뜨려 부러지고 새연필을 꺼내어 하루가 지나면 그의 연필은 반토막이 되어도 태성이는 머쓱하게 부러진 연필을 다시 내민다 그의 손목에 들어 간 힘 그 확신 그 의지는 연필을 깎을 때마다 더욱 분명했다 태성이는 연필심이 부러질 때마다 자신이 거기 있음을 알려주었다 연필을 다시 깎을 때마다 아이의 검은 눈동자는 빛을 발했다 연필의 껍질들이 쌓일수록 아이는 그 자리에 꼼짝없는 자기의 생각을 쌓아 두곤 했다 이제야 알겠다 우리가 왜 중학생이 되면 연필이 아니라 부러지지 않는 볼펜을 쓰기 시작했는지 더 이상 침을 묻히거나 눌러쓰지 않아도 되는 싸인펜을 쓰게 되었는지 이제 저 아이도 연필을 깎는 동안의 시간을 곧 잃게 되리라 연필鉛筆이 연필鍊筆이 되는 날을 거쳐 스스로 눌러쓰지 않아도 쉽게 써지는 쉽없는 시절을 맞이하리라

녹내장綠內障

지천명知天命 쉰 살 문턱으로
찾아 온 손님
그 이름 가만히 짚어보니
내면에 기록됨을 막는다 하여
녹내장이라

돌아보면
앞만 보고 달려온 날들
그 좁은 시야로
넓은 세상
꿈꾸며 살았지

점안약 넣을 때마다
놓친 풍경
새록새록 선명하네

두려움보다

그리움이 앞서는
고마운 손님

방전放電시대

충전이 충혈이 되고
충혈이 충동이 되어
마침내 방전이 넘치는 세상
그래, 이제는 방전이
필요할지 몰라

발기되지 않는 노인처럼
의식의 뚜껑을 닫고
죽은 듯 아득한 무아無我
실신의 시간이 필요해

모든 욕구가 빠져나간
텅 빈 우주에
칠년에 한 번씩 놓는 오작교
수 천 년을 기다려도
한 가지 노래만 하는

견우가 되고 싶어
직녀가 되고 싶어

전립선 시인

주말 오후 텔레비전을 켰더니 정의를 노래하던 한 시인이 보험회사 광고모델로 나왔다 대시인의 아들 모교수는 백화점 상품권 모델로 나왔고 아웃사이더들의 역전을 그리던 인기 만화가도 증권회사 광고모델로 나왔다 예술이 상품의 모델이 된다는 것과 자신의 이름을 시장에 내놓는다는 것과 한 번쯤 가짜가 되어 본다는 것과 그 가짜에 속아 본다는 것과 속지 않으려 미련한 바보가 되어 본다는 것이 아주 자연스럽게 화면을 채색하고 지나갔다

티브이 옆 수족관
플라스틱 수초에 갇힌 시인
우주에 빗장을 걸고
눈 한번 껌뻑일 때마다
시詩를 싼다
전립선 환자처럼
간신히
뚝 뚝 뚝

5월

철쭉이 피고 지는 것을 본다

시간 앞에 대항하지 않고

화관마저 버리고

몸에 붙은 제 분신을

땅으로 떨구는 꽃

제 목숨 내려놓는데

이유가 없다

천리天理를 천리대로

죽음조차 선선鄯善한

순교의 계절이

지나고 있다

詩

너는 세상의 감기

나는 오늘도

천식喘息처럼

가쁜 숨을 몰아쉬고

식지 않는 계절을

해열解熱 중이다

제3부

가족력

간경화로 돌아가신 아버지 기일에
등기로 날아 온 건강검진결과표
'간치수가 높으니 각별히 주의바람'
임종 전날 외출을 허락하시며
열아홉 살 아들에게
'그래, 너 하고 싶은 대로 하렴'
30년 지나 등기登記로
다시 당부하시네

한 몸

한 몸이기 때문에 만날 수 없는 몸이 있다
왼쪽 귀는 오른쪽 귀를 만날 수 없고
오른쪽 눈과 왼쪽 눈이 마주볼 수 없다
돌아보면 어머니와 나는 한 몸이었고
아버지와 내가 한 몸이었고
조선 선조 때쯤 김유 장군과 한 몸이었고,

단군과 내가 한 몸이었고
아담과 내가 한 몸이었기 때문에
오늘 한 이불을 덮고 자는 아내도
한 몸이 될 수 있었던 것일까
한 몸이기 때문에 나를
그녀 안에 집어넣고도
내가 그녀의 몸이 될 수 없는 것일까

이제 한 몸이라고 부르지 마라
한 몸이라서 만날 수 없는 날이

우리에게 찾아 왔고
한 몸이 아니었던 그녀의 손과 내 손이
온기로 만날 때
딴 몸이 한 몸이 되는 것을 보았다

누구에게나 만날 수 없는
한 몸이 있다
누구에게나 만날 수 있는
한 몸이 있다

눈물 처방

안압이 오른 후에 의사 왈 신경 쓰지 마세요 무리하지 마세요 뭐 그리 신경 쓸 일도 무리할 일도 없는 나에게 참 과분한 처방이다 얼핏 들으면 신경 좀 쓰고 살아라, 힘 좀 쓰고 살아라 양심에 독촉하는 듯 들려 약 처방에 인공눈물약이 들어있네 하루 대 여섯 번 눈물을 넣으라네

얼마나 울지 못했으면
얼마나 눈물이 말랐으면
눈물약이라니
참, 눈물이 난다

숟가락

우리조상은 왜
밥 떠먹는 연장에다
'가락' 이라고 이름 붙였을까
아무리 세련된 세상이 와도
밥은 노래이기 때문일까

숟가락 들 때마다
설레이는 입술
숟가락 들 때마다
속삭이는 가락

그래서 오늘도
밥상에는 숟이 아니라
숟가락이구나
오순도순 함께
부르라고
가락이구나

유산遺産

평생 한 남자에게만 속내를 허락한 아내의 젖은 눈
말없이 말씀하시는 아버지의 턱수염
그 곁에 여전히 슬피 웃으시는 영정 속 어머니
낡은 책상위에 졸고 있는 1963년 개정판 성경책
무심히 떠나가는 벗들의 손 인사
저기 아이들의 자지러지는 웃음소리
긁적이다 만 시답잖은 시 한 소절
흘러간 노래 한 소절

가로수

힘든 일 있을 때마다
어머니 이르시길
다 지나간다
다 지나간다

서울가는 차창 밖으로
무섭게 달려오던 가로수
지나가면 또 달려오고
지나가면 또 달려오고

나무들 다 지나고
돌고 돌아
가로수가 끝난 자리

아, 거기
그가 계셨네

교통카드

아들에게 준 후불제 교통카드
매월 말일이면 청구서가 날아오는데
한 달에 몇 번의 버스를 타고
몇 차례의 전철을 탔는지
그의 수고가
가지런히 전해온다

아들은 말이 없고
청구서가 말을 한다
사랑의 자동이체
문자로 간다
그때 애비도 따라 간다

동백꽃 엄마

생각해보면 동백처럼
쓸쓸한 꽃도 없다
겨울하늘에 손등이 얼고
봄을 기다리는 눈망울은
날마다 젖어
꿈인 듯 홀로
그 입술에 불을 당기지

해산 날이 오기도 전에
탯줄을 끊은 산모처럼
꽃등에는 다소곳한 백발이라도
그 얼굴은 아직 다홍빛이라
바람을 이기고
수줍은 듯 피어있는
스물일곱 새색시
동백꽃 우리 엄마

아들의 집

아내는 아들의 집을 처분키로 했다
더 이상 아들을 품을 수 없는 상처 난 집
내 것도 아닌 것을
내 것으로 품어 온 갸륵한 세월
우주의 모든 시간이 전원을 내릴 무렵
양수처럼 고인 눈물로
아들의 집을 씻으며
기꺼이 처분한다

아무 일도 없었다는 듯이
아들을 물끄러미 쳐다보며
하늘이 준 것은
그저 기억의 유산일 뿐이라고
이만하면 됐다고
아무렴 이만하면 됐다고
연신 고개를 끄덕인다
아내는

엄마의 기차

종착역을 찾지 못한 채 늘 달리기만 했다 증기에서 디젤로 다시 전기엔진으로 바꾸어 가며 달렸지만 번번이 정차역을 놓치곤 했다 문득 끊어진 시간의 간이역 아무도 손 흔들지 않는 역사에 승객을 내리고 화물을 내리고 엄마는 여전히 알 수 없는 눈길을 남기고 상처 난 침목 무너진 철교 위를 지나 머나먼 종착역을 향해 기적도 없이 떠나시곤 했다 엄마의 기차는 왜 한 번도 정차하지 않았을까 간이역의 국수 한 그릇도 드시지 않으시고 기적을 울리는 끈 한번 당기지 않으셨을까 엄마는 왜 당신의 종착역에서만 우리를 기다리시는 걸까

마음에 터널이 생길 무렵
엄마! 부르니
그 기차 돌이켜
철커덕 철커덕
내게로 오시네

변명

내 주소는 둘째네로 돼있지
거기가 어딘지는 잘 몰라
회사에서 쫓겨나
퇴직금으로 식당하다 망한 둘째가
어렵사리 취직했는데
거기서는 부모부양수당이 나온데
노령수당도 나온데
그 정도면 손주 학원비는 될거야

물려준 재산도 없고
남들처럼 공부도 못 시켰는데
주소를 함께 올려 줬잖아
내가 제 집에 산다고,
내가 지 애비라고,

난 괜찮아
암 괜찮아

비문증飛蚊症

명절에 찾아간
미수米壽의 어머니
그 방에 엉킨 머리카락
서울까지 따라 왔네

혈기로 마른 안구眼球
억지로 껌벅이니

보이지 않던
엄마의 머리카락
다시 보이네

모내기밥

공부방 아이들과 호조벌에 모내기밥 얻어 먹으러 갔네
하얀 못줄에 견주어 뭉쳐있는 놈들 찢어다가
물댄 논에 이앙移秧하고 한껏 부풀어 바라보니
마음은 어느덧 9월을 지나 누런 들녘이 그려지네
모를 직파直播하지 않고
이양을 하는 이치理致로 아이들을 바라보니
모심는 여린 손가락에 닿는 논물처럼 마음이 설레이네

호조벌 모내기밥
풍년보다 달콤했네

끈

안동에서 올라 온 택배 상자
파김치 뚜껑에 칭칭 감긴
끈

40년 된 성경책
시편詩篇에 드리워진 붉은
끈

어머니 이마에
강물처럼 흐르는 그 짙은
끈

호조벌 소금바람

바다를 메워 만든
호조벌 논길 옆 갯강을 따라
모녀가 산책을 하네

염분 섞인 봄이 오면
바다가 내어 준 몸 한 조각
이삭이 패일 무렵
저 서해바다는 푸른 눈물을
갯강으로 흘려보내겠네

바다가 어미였다면
호조벌은 바다를 떠난 딸
모녀의 그리움이
푸른 눈물 푸른 이삭으로
만나겠구나

호조벌을 보면 알 듯하네

바닷물이 왜 짠지

눈물이 왜 짠지

월영교月影橋에서

세상을 피하여 기웃거렸던
돌다리 언저리에
이끼로 남은 기억

아득한 물길을 거슬러 올라 온
월영처럼 간간히 떠오르는
아버지의 호명

나를 밟고 선 그림자
돌고 돌아
아버지 섰던
그때 그 자리

미아迷兒의 시간

요양병원 4층에는 달을 볼 수 없도록 두꺼운 차양막이 드리워져 있다 날마다 하늘을 그리워하는 엄마들의 애절한 눈을 차마 볼 수 없다는 천사의 배려다 딸이 엄마에게 묻는다 누구신가요 난 우태수야 우리집은 남선면 원림이야 새댁은 누구신데. 저녁 여섯시 모든 엄마들이 자신의 과거 속으로 들아가 꾸다만 꿈을 다시 꾸고 있다 시간을 거슬러 먼 고향 어디쯤엔가 서 있는 그녀는 자신의 아들을 기다리는 것이 아니라 아, 자기의 엄마를 기다리고 있다 자정이 가까울수록 고요가 깊어갈수록 엄마의 기침소리는 소녀의 울음소리로 변하고 개기일식의 방에 갇힌 여섯 살 소녀는 흰옷으로 손짓하는 엄마를 깨금발로 따라가고 있다 그 해맑은 미소가 어둠을 몰아내고 있다 미아가 된 그녀의 시간 안에는 꽃밭이 천국을 이루고 있다

관곡지官谷池

못을 지키고 있는 것이
조선농학자 강희맹이 아니듯이
연꽃을 피워 올린 것은
그 못의 물이 아니다
그 물위에 앉은
소금쟁이나 장구애비는
더욱 아니다

바람에 흔들리는 사람들
연근蓮根보다 더 깊이
울음을 삼킬 때
그 밤 함께 울었던 으악새
그 가락이다
못을 지켜온 것은

제4부

바티칸 성베드로 성당 계단에 묻은 비둘기 똥에게

자신을 예배할 제자를 잃어버린 마치 늙은 예수의 탄식처럼 오백년 고당古堂의 파이프오르겐 흐느낌이 끈적끈적 성전의 계단을 내려오고 있었다 성당 밖 비둘기들은 태양의 둘레만큼 성당꼭대기에서 회전무回傳舞를 그리고, 계단은 그들의 똥으로 역사를 쓰고 있었다 등산가방을 둘러맨 나그네들 그 똥 계단에 앉아 천년 신념의 허구를 카메라 속에 박아 넣고 있었다 후대에 의해 교황이 된 베드로가 순교의 대가로 얻은 자신의 외투를 비둘기에게 내어주고 계단 맨 꼭대기 난관에 위태로이 앉아 있었다 바티칸시계의 정오正誤를 사제가 아니라 비둘기에게 묻는다

성베드로 성당
계단에 묻은
비둘기 똥에게
묻는다

알맹이에 대하여

알고 보면 알맹이는
원래 알맹이가 아니었을 거야
태초에는 기나긴 지느러미와
십수 개의 발로
스스로의 몸을 둥글게 감싸고 있었을 거야
마침내 빅뱅처럼 제 몸을 부셨을 거야
날마다 다가오는 과거를 끌어안고
스스로 수태하였을 거야

알맹이는 늘 자기네끼리 교접하지
알맹이는 늘 자기네끼리 분열하지
그래서 스스로 퇴화하고
스스로 작아지는
진화의 반역이 일어난 거지

보면 볼수록 알맹이는
원래 알맹이가 아니었던 거야

지금의 내가

원래의 내가 아니었던 것처럼

애꾸눈 목사

모세의 지팡이도 없고

법궤를 매는 베세메스의 소도 없고

다윗의 물맷돌도 없고

스룹바벨의 성전도 없고

세례 요한의 신들메도 없지만

로마병정 론지노*의

외눈을 가진 사람들

닫힌 눈 위로 뚝 떨어진 피,

그 개안開眼의 선혈을

새벽마다 보았네

그 동공에 빛이 들어오는 것을

애꾸눈 목사는

오늘도 보고 있네

* 로마병정 론지노의 전설 : 론지노는 예수가 십자가 처형당시 애꾸눈의 사형집행병이었다. 말하자만 망나니였다. 예수가 십자가에 피흘려 죽은 것을 확인하기 위해 창을 찌르자 예수의 피 한방울이 그의 애꾸눈 위로 뚝 떨어졌다. 그 순간 론지노의 애꾸눈이 회복 되었다는 전해오는 이야기다.

은행 한 알을 줍다

예수가 말씀하다 튀었을
침 한 방울
그 제자가 길을 찾다가 흘렸을
염루念漏 한 방울

그 제자의 제자가
나무아래 왔다가
제 입술에 물려 흘린
피 한 방울

아득한 우주의 바람 한 점
울음대신 알알이 맺힌
방울방울들

초생달 쓸쓸한 새벽
말없이 말씀하는
행단杏亶아래

천고의 숨이 되는
은행 한 알 줍는다

손을 씻다가

빌라도가 예수를 폭도들에게 넘겨주기 전에 금대야에 손을 씻고 한 말이 '나는 책임이 없다' 였다 모로 가도 서울만 가면 되는 세상에 책임처럼 번거로운 것도 없지만 책임을 피하는 자들은 지금도 손을 씻으며 말하지 '나는 깨끗하다고' 절기에 세례를 받고 성결의 책임을 지닌 나는 오늘도 손만 씻는 세수로 성결을 대신하는 것은 아닐까? 세례는 순백의 책임을 지키는 약속인데 구별되어 깨끗해졌다는 것을 증명해야할 천명天命인데 나는 손을 씻을 때마다 책임도 함께 씻어버리지 않았을까

오늘도 손만 씻고
밥이나 축냈던
공복의 하루가 지나간다

머리핀

예배 중 앞자리 여인의 낯설지 않은 머리핀이 눈에 확 들어왔다 찬송을 부르는데 머리핀이 점점 커진다 40여 년 전 열두 살 동무의 책가방에서 꺼낸 그 머리핀 오늘 내 앞에 돌아왔다 눈물 뚝뚝 흘리며 찾던 동무의 그 머리핀을 나는 방에서 홀로 꽂아 봤지만 단 한 번도 밖에서 자랑하지 못했다 초등학교 졸업식 날 선생님은 내게 머리핀을 선물했다 기뻤다 그리고 40년이 지났다 문득 앞자리 여인이 고개를 돌릴까 두렵다 예배가 끝나고 그 머리핀 여인의 손을 잡고 인사하고 또 인사했다

머리핀에 임한 영靈이
나를 깨워 주었다
나를 씻어 주었다

꽃의 눈

들에 핀 꽃을 보라
땅에 뿌리를 두었다고
밑만 보고 살지는 않아

새벽마다
하늘을 깨우는 꽃의 눈
고개를 든다고
허공에 씨를 뿌리지는 않아

천상에서 지상으로
제 분신을 내려놓는
씨알의 이치
저 들에 피어난 꽃에도
생기의 진리가 임하듯

세상을 살아도
영으로 사는 사람은

꽃의 눈처럼
청명 하구나

방생의 성자

성탄절이 되면
세상에 방생을 하러 오는 성자가 있었는데
그 성자의 눈 안에는 푸른 호수가 있었고
그 호수에는 눈동자가 다 타버린 영혼들이
초록물고기로 살고 있었지

호수와 물고기를 잇는 성자의 혈관에는
주인 잃은 눈동자들이 백혈구처럼 떠다니다가
성탄절이 되면
성자는 자신의 눈밖에 바다를 드리우고
마침내 눈동자를 찾은 초록물고기들
하나씩 방생하곤 했지

지금도 성탄절이 되면
눈을 감은 성자가
눈을 뜬 물고기를 제 눈물에 실려
바다로 흘려보내곤 하지

성자의 눈 속에서 아픈 눈동자들이

제 물고기를 찾곤 하지

풍금의자

백 년이 넘은 시흥 무지내동 교회에 구순의 권사가 예배당 한 켠에 놓여진 작은 풍금 하나를 소개해 주었다 자신의 유년기에 지금은 천국에 갔을 어느 젊은 여선생의 기억을 말해 주었다 풍금 앞 낡은 의자에 앉은 그녀는 찬송을 흥얼거렸다 그러나 끝까지 부르지는 않았다 마지막 소절의 후주가 영영 이별이 될까 아껴둔다고 했다 예배당 맨 앞 모서리 닳고 닳은 그 자리에 모난 시절 다듬질하며 자기 몸에 닿은 무게만큼 함께 견뎌준 세월이 있었다 오래된 예배당이라고 부르고 싶은 노래 목청껏 부르지는 않았구나 욕심껏 단장하지도 않았구나 그래서 오래된 의자의 노래는 아직도 끝나지 않았구나 더러는 오랜 것 오오랜 것을 봐야 겸손해지는 법이다

눈꺼풀

구순九旬의 어머니
눈만 뜨면 말씀 하시네
그저 눈 질끈 감고 살아라
어둠은 물리치는 것이 아니라
모른 척 눈 감는 거야
더러는 눈 감아야
안 보이던 길도 보이는 법이란다
그래서 하나님이 우리에게
눈꺼풀을 붙여 주셨는가
힘들면
눈 한번 질끈
감으라고

녹향병원 앞 은강교회

소사역에서 출발한 막차는
쌀이 많이 났다는 미산리를 지나
소금밭이었던 포리염전을 지나
매화꽃 없는 매화리를 지나
연꽃이 피는 하중리 관곡지를 지나
녹향병원 앞에서 멈춰섰다
병실마다 미등은 켜지고
병원 앞 교회당 십자가는
빨갛게 익어갔다

버스에서 내리는 사람들의
시간은 언제나 자정
응급실 앞 빨간 십자가
누군가는 죽고
누군가는 살았다

시간의 임계점臨界點

녹향병원 앞 은강교회

붉은 십자가

유난히 붉다

국화의 삼일

떠난 자의 빛나는 삼일을 위하여

지상의 피 뚝뚝 흘리며

검은 리본 사이 꽂힌 생화를 본다

국화와 분향의 향내가

서로를 의지해 맴도는 동안

눈물 없는 조문은 계속되었다

발인發靷과 함께 실려 나가는 꽃들

삼 일간 함께 울어준 꽃잎들

길 위에 떨어지고 땅 위에 떨어지고

알 수도 없는 시간위에 떨어지는 동안

꽃을 보낸 이도 꽃을 받은 이도

그 꽃말에 대하여 말하지 않았다

그 꽃씨에 대하여 말하지 않았다

방산동 구옥

예닐곱 살 흔들리는 이빨
하나님 부르듯이
두꺼비를 부르며
지붕을 향해 던졌지

십 수 년이 흘러
고추에 털이 나고,
세례를 받고
거룩한 예배를 드리는 나는
문득 흰 뼈의 한 조각을 찾는다
그것을 그리움이라 여긴다

오래전
이미 뿌리를 내린
새 어금니
잊은 채 아직도 노래한다

'두껍아 두껍아
헌집 줄게 새집 다오'

이산離山

설악산雪嶽山을 보노라면
금세 위축이 된다
구릉지 한 점 없는 맹렬한 준령과
범접할 수 없는 꼭대기의 백설
산 중턱에서 발길을 돌리며
염치없는 상념이 든다

팽창한 고요를
산 아래로 옮길 수만 있다면,
새벽 자운紫雲이 입김처럼
나를 적실 수만 있다면,
상쾌한 적막을
외투처럼 입을 수만 있다면,
내 몸이 준령을 감싸는
바람도 되고 소리도 된다면,
가파른 절벽 두려워
도망가지 않을 수만 있다면

그 안일한 상상이
신작로에 닿을 무렵
이천 년 전 헤르몬산 아래
가이샤라 빌립보 도성 가운데
옮겨진 한 청년의 이산離山
그 산이
내 앞에 내려와 있네

도깨비풀

마음보다
몸이 먼저 간다

꽃이 아니라
가시가 되어
그대에게로 간다

가시가
꽃이 될 때까지

바람에 실려
바람에 실려

反예수

그가 단 한 번도 화려한 성전에서 화려한 의복을 입고 화려한 수사로 목청을 돋운 적이 없기 때문에 너희는 그가 못 다한 것을 대신 이루려 화려한 성전에서 화려한 의복을 입고 화려한 수사로 목청을 돋우고 있느냐

해설

사랑의 기억과 신성 지향의 시학

— 김윤환의 시세계

유성호(문학평론가, 한양대 국문과 교수)

1.

서정시가 추구하고 완성해야 할 몫 가운데 가장 종요로운 것은 사라져가는 흔적이나 가치들에 대한 언어적 탈환과 복원에 있을 것이다. 폭력과 물신화가 범람하고 중요한 것들이 사라져가는 폐허의 시대에 저항하여, 잊혀진 풍경을 재현하고 거기에 새로운 기억의 선도(鮮度)를 입히는 것이 결국 서정시가 담당해야 할 더없이 중요한 기능인 셈이다. 그 점에서 서정시는 여전히 '기억의 현상학' 에 본질을 두는 언어 양식이다. 말할 것도 없이, 그 기억의 원리는 재귀와 통합의 작용에 의해 가능해지고, 높고 깊은 인간 존재에 대한 성찰에서 발원하고 구현되는 것이다.

개신교 사제(司祭)이기도 한 김윤환 시인의 신작시집 『이름의 풍장(風葬)』(애지, 2015)은, 자신의 존재론적 기원에 대한 늡늡한 기억과 높고 깊은 신성에 대한 열망이 교차하는 진정성 있는 사유의 기록으로 우리에게 다가온다. 시인은 자신의 선연한 기억 속에 머물러 있는 강렬한 빛으로 생의 심연을 쏘며 살아간다. 그러나 시인은 단순한 기억에만 멈추지 않고 삶 가운데 존재하는 보편적 가치에 대해 적극적으로 마음을 열고 있다. 그래서 개별적이고 구체적인 경험을 자산으로 하면서도 거기 옹색하게 매몰되지 않고, 기억의 현재적 구성력과 생의 보편적 형식에 두루 민감한 시작(詩作)을 선보이고 있다. 사랑의 기억과 신성 지향의 시학이 느런히 펼쳐지는 그 경험의 깊이 속으로 들어가 보자.

2.

우리가 잘 알듯이, 서정시의 가장 중요한 원천은 결핍과 부재를 견디는 힘에서 생성된다. 있어야 할 것의 부재, 한때 분명하게 존재했던 것들의 사라짐, 이러한 결여 형식에 대한 원형적이고 본질적인 반응은 대체로 사랑과 그리움에서 생겨나는데, 이때 사랑과 그리움은 부재를 견디는 힘인 동시에 새로운 가치의 원천을 찾아가는 귀환의 운동이기도 할 것이다.

깊은 바다 위로 걸어오는 사랑이 있었다
넘실대는 파도 위로 발목 없이 걸어오는 신발이 있었다
떠나야 할 곳 때문에 돌아와야 할 곳을 잃어버린 것처럼
사라져버린 길을 따라 보이지 않게 돌아온 사랑이 있었다
우리는 너를 상처라고 불렀지
신발을 먼저 보낸 영혼은 이따금씩
낯선 시간에 나를 깨우고는
그 이별의 문턱에 함께 눕자 했지
사랑은 흐르지 않는 소용돌이로 남아 있고
만지지도 못하는 그리움은 사방 파문波紋이 되어
아무에게도 알려지지 않는
불치의 병명이 되었다
혼자 남은 신발이 되었다

—「신발로 돌아온 사랑」 전문

여기서 "깊은 바다 위로 걸어오는 사랑"은, 말할 것도 없이, 물 위를 걸은 예수의 이미지를 빌려온 것일 터이다. 파도 위로 걸어오는 '신발'을 통해 시인은 "떠나야 할 곳"과 "돌아와야 할 곳"을 동시에 사유하는데, 궁극의 거소(居所)를 잃고 살아가는 자신에 대한 반성적 성찰을 수행하는 것이다. 하지만 그렇게 사라져버린 길을 따라 "보이지 않게 돌아온 사랑"이 있기 때문에, 시인은 이별로 인한 상처에도 불구하고 사랑과 그리움을 통해 "흐르지 않는 소용돌이"의 파문을 그려 나갈 수 있다. 자연스럽게 "아무에게도 알려지지 않는// 불치의 병명"인 사랑의 힘으로 "혼자 남은 신발"이 되어 살아갈 수 있는 것이다.

이 시편의 서정적 기조는 '신발'과 '사랑'의 역학에 있다. '신발'은 바다 위를 걸어 "보이지 않게 돌아온 사랑"의 이미지를 거느리고, 시인은 다시 "혼자 남은 신발"이 되어 사랑의 불가능성과 불가피성을 동시에 노래한다. 그 사랑의 대상을 신성한 존재로 놓아도 좋고, 우리가 소소하게 품고 살아가는 뭇 대상으로 넓혀도 좋으리라. 어떻든 그 대상은 시인이 "날마다 내린 그물/ 고르다 고르다/ 마침내 빈 그물만 남은/ 생애의 어느 오후"(「묵호항에서」)에 문득 가 닿은 존재론적 고처(高處)일 것이다. 이렇게 귀환과 이별의 양면성으로 다가오는 '신발'을 두고 시인의 기억은 더욱 가파르고도 아름다운 잔상(殘像)을 그려나간다. 강렬

한 기억으로 인해 결코 사라질 수 없는 것들을 새롭게 생성해내면서, 자신의 몸에 새긴 수많은 의식의 심층을 끊임없이 되살려내는 것이다. 그리고 이러한 사랑과 그리움은 일종의 자기 기원(origin)에 대한 애착의 풍경으로 이월되는데, 그 풍경은 "목젖으로부터 허벅지까지 텅 빈 행간行間/ 40년 현상액이 마르지 않아/ 아직도 가질 수 없는 흑백사진"(「마르지 않는 흑백 사진처럼」)처럼 시간의 저 너머로부터 서서히 인화되어간다.

안동에서 올라온 택배 상자
파김치 뚜껑에 칭칭 감긴
끈

40년 된 성경책
시편詩篇에 드리워진 붉은
끈

어머니 이마에
강물처럼 흐르는 그 깊은
끈

— 「끈」 전문

간경화로 돌아가신 아버지 기일에
등기로 날아온 건강검진결과표
'간치수가 높으니 각별히 주의바람'
임종 전날 외출을 허락하시며
열아홉 살 아들에게
'그래, 너 하고 싶은 대로 하렴'
30년 지나 등기登記로
다시 당부하시네

—「가족력」 전문

이 시편들에서 김윤환 시인은 '안동/ 어머니/ 아버지' 같은 자신의 존재론적 기원을 직접 호명한다. 시인은 자신을 이끌어온 세 개의 '끈' 을 병치하는데, 고향에서 올라온 파김치 택배 상자를 감은 '끈' , 오래 읽어온 성경책에 드리워진 '끈' , 그리고 어머니 이마에 강물처럼 패인 '끈' 이 그것이다. 고향과 신앙과 모성의 힘으로 견디고 넘어온 시간이 그 '끈' 들을 부여잡고 있었을 것이다. 특별히 어머니는 시인에게 "엄마는 왜 당신의 종착역에서만 우리를 기다리시는 걸까" (「엄마의 기차」)라고 처연하게 기억되는 존재이시다. 그런가 하면 '간경화' 와 '간치수' 로 결속되는 '가족력' 을 소재로 하여, 시인은 돌아가신 아버지의 음성을 "30년 지나 등기登記" 를 통해 다시 듣는다. 자유롭게 살 것을 강조하신 아버지의 목소리가 오랜 시간을 격(隔)하여 짙은 실감으로 전해져온다. 이처럼 시인은 서정시가 구현할 수 있는 시간 예술적 속성을 한껏 충족하면서, 한편으로는 자신의 가장 깊고 오랜 기원을 유추하고, 다른 한편으로는 자신을 가능케 한 규정적 힘들에 대해 사유한다. 그렇게 그의 중요한 시적 적공(積功)은 자기 기원에 대한 사유와 감각을 통해 이루어진다고 말할 수 있을 것이다. 다음 작품은 어떠한가.

평생 한 남자에게만 속내를 허락한 아내의 젖은 눈
말없이 말씀하시는 아버지의 턱수염
그 곁에 여전히 슬피 웃으시는 영정 속 어머니
낡은 책상 위에 졸고 있는 1963년 개정판 성경책
무심히 떠나가는 벗들의 손 인사
저기 아이들의 자지러지는 웃음소리
긁적이다 만 시답잖은 시 한 소절
흘러간 노래 한 소절

—「유산遺産」 전문

가령 시인이 물려받은 유산은 효용성 있는 재부(財富)가 아니라, '아내' 의 젖은 눈과 '아버지' 의 말씀 없는 모습, 돌아가신 '어머니' 의 잔잔하고 슬픈 웃음 등이다. 그리고

'성경책' 같은 존재론적 수원(水源)도 한 몫 거들고 있다. 물론 그 성경책은 "낡은 책상 위에 졸고 있는 1963년 개정판"이기 때문에 시인의 전 생애와 함께한 오래고 오랜 것일 터이다. 그리고 시인은 떠나간 벗들과 떠들썩하게 놀고 있는 아이들을 자신의 유산 범주로 끌어들인다. 이들이 있어서 남은 생을 살아갈 기초가 되고 있는 것이 아니겠는가. 하지만 그 무엇보다도 시인은 자신에게 남겨진 소중한 것이 "긁적이다 만 시답잖은 시 한 소절/ 흘러간 노래 한 소절"이라고 말한다. 그가 마침내 시인일 수밖에 없는 까닭이다.

이처럼 김윤환 시인의 중요한 음역(音域) 가운데 하나는, 오랜 것에 대한 각별한 애착과 기원에 대한 섬세한 기억에서 찾을 수 있다. 이때 우리는 성장 과정에서 빚어진 상처와 어둠을 예민하게 기억하고 그것을 경험적 실감으로 복원하는 시인의 수일한 역량과 만나게 된다. 말하자면 시인은 오래된 기억을 통해, 사랑과 그리움의 정서를 통해, 현실적 시간에서 벗어나 자신이 고유하게 경험한 시간으로 귀환하려는 의지를 보여준다. 외따로 떨어진 시간과 시간 사이에 일종의 유추적 연관성이 형성되는 것도 이러한 기억의 매개 때문일 것이다. 애잔하고 투명하고 아름답다.

3.

앞에서 우리는 '시인'으로서의 자의식을 유산으로 가진 김윤환 시인의 모습을 보았거니와, 그는 이번 시집에서 이러한 남다른 자의식을 참으로 여러 곳에서 고백하고 있다. 곧 자신을 존재하게 하는 가장 유력한 실천 양식인 '시'에 대해 적극적으로 사유하는 의식을 보여주는 것이다. 우리가 잘 알거니와, '시'는 언어에 대한 탐색에 그 무게중심을 현저하게 할애하는 예술 양식이다. 그 점에서 호환할 수 없는 언어 예술로서의 구심적 속성을 지닌다. 이때 김윤환 시인은 '시인'이야말로 언어에 대한 능력으로 충만함은 물론, 사물 속에서 언어를 발견하는 존재임을 깊이 의식한다. 언어의 도구적 기능을 넘어 언어의 메타적 탐색에 공을 들이는 것이다. 김윤환 시인에게 이러한 '시'의 의미는 매우 다양한 형상으로 변주되어 나타나는데, 가령 "너는 세상의 감기// 나는 오늘도// 천식喘息처럼// 가쁜 숨을 몰아쉬고//식지 않는 계절을//해열解熱 중이다"(「詩」)라고 노래하는 데서 보듯이, 그것은 필연적 열도(熱度)와 숨결로 존재하는 어떤 것으로 다가오게 된다.

내 몸에 검객이 살고 있었네

상대의 몸에 닿지 않고도

죽일 수 있는 경지

심장의 혈관보다 먼저 솟구치는

설기상인舌氣傷人의 검기劍技

중원을 떠돌아도

나를 떠나지 않는 푸른 서슬

반백년 내 몸에 살고 있었네

—「내 몸에 검객」 전문

몸 속에 오래도록 살고 있는 '검객(劍客)'은 "상대의 몸에 닿지 않고도// 죽일 수 있는 경지"에까지 이르렀다. 마치 언어를 섬세하고 치열하게 다루는 '시인'처럼, 검객은 "심장의 혈관보다 먼저 솟구치는// 설기상인舌氣傷人의 검기劍技"를 지녔기 때문이다. 자유로운 바람처럼 떠돌다 "떠나지 않는 푸른 서슬"로 세상을 제압하는 기운이 오래도록 몸속에 살고 있었다는 이러한 자각은, 곧 김윤환 시인이 거두어들이는 '시인'으로서의 실존적 자의식일 것이다. 나아가 시인은 다른 은유로 "내 입에 팽팽한 줄// 더러는 노래의 현絃이 되고// 더러는 활의 현이 된다"(「내 입에 줄」)는 고백을 했거니와, 결국 그에게 '시'는 "두려움보다

/ 그리움이 앞서는/ 고마운 손님”(「녹내장綠內障」)인 셈이다.

못을 지키고 있는 것이
조선 농학자 강희맹이 아니듯이
연꽃을 피워 올린 것은
그 못의 물이 아니다
그 물 위에 앉은
소금쟁이나 장구애비는
더욱 아니다

바람에 흔들리는 사람들
연근蓮根보다 더 깊이
울음을 삼킬 때
그 밤 함께 울었던 으악새
그 가락이다
못을 지켜온 것은

— 「관곡지官谷池」 전문

이 시편은 ‘관곡지’라는 못을 지키는 것이 조선 농학자 강희맹이 아니고, 연꽃을 피워 올린 것도 못의 물이나 소금쟁이나 장구애비가 아님을 노래한다. 다만 못을 지키고

꽃을 피워내는 것은 “바람에 흔들리는 사람들”이 연꽃의 뿌리보다 더 깊은 울음을 삼킬 때 함께 울어주었던 “으악새/ 그 가락”이라는 것이다. 이 바람과 울음의 ‘가락’ 역시 김윤환 시인이 추구하고 탐색하는 ‘시’의 은유적 상관물일 것이다. 그래서 시인의 눈에는 ‘시’를 발원시키는 뭇 움직임들이 여기저기서 선명하게 들어오게 되고, “바람이 세상에게/ 편지를 쓰는 것”(「성산 일출봉」)이나 “개안開眼의 선혈”(「애꾸눈 목사」)까지 ‘시’를 통해 발견하게 되는 것이다. 그렇게 “밥은 노래”(「숟가락」)라고 하면서 김윤환 시인은 ‘시’가 자신의 삶을 구성해가는 편재적 원리임을 암시해간다.

공자孔子의 시는 인간의 언어로 빚어낸 지혜의 놀이터였다 아리스토텔레스의 시는 직관直觀으로 그리는 우주의 모방模倣이었다 다윗의 시는 두려움으로 토해내는 죄인의 최후 진술이었다 역사는 언제나 시인을 분주하게 했지만 시는 가식과 절규의 경계가 되어 말없는 이에게 말을 걸어주었을 뿐 인간의 어리석음은 역사의 모래시계가 되었고 시는 착시와 착각이 엮어낸 눈물의 목걸이가 되었다

시인은
무언가 앎으로

시를 쓰는 것이 아니라
도무지 알지 못해
쓸쓸히 노래를 부르고는
우주 속으로
사라져버린다
새벽달처럼,

—「적멸시인寂滅詩人」 전문

공자의 '시경(詩經)' 과 아리스토텔레스의 '시학(詩學)' 과 다윗의 '시편(詩篇)' 을 교차시키면서, 시인은 그것들이 이룬 지혜와 직관과 죄의식의 정점들을 떠올린다. 그래서 "역사는 언제나 시인을 분주하게 했지만 시는 가식과 절규의 경계가 되어 말없는 이에게 말을 걸어 주었을 뿐" 이라고 되뇐다. 역사는 일어난 일을 기록하고 시는 일어날 법한 일을 기록한다는 오래된 잠언은, 여기서 역사의 '어리석음' 과 시의 '눈물' 로 몸을 바꾼다. 김윤환 시인은 결국 '시인' 이 무엇을 아는 존재가 아니라, 오히려 세상의 이치를 알지 못해 쓸쓸한 노래를 남기고 "우주 속으로/ 사라져" 가는 존재라고 노래하는데, 그래서 그 존재를 '적멸시인' 이라고 명명하고 있는 것이다. 그 안에는 "가시가/ 꽃이 될 때까지" (「도깨비풀」) 벼려온 삶을 보듬고, "얼마나 울지 못했으면/ 얼마나 눈물이 말랐으면" (「눈물 처방」) 하고 연민을 자아내는 존재자들을 어루만지는 것이 '시인'의 직능이라는 전언을 담고 있다.

이처럼 김윤환 시인은 '시'에 대한 깊은 메타적 의식으로 자신을 명명하고 규율한다. 그에게 '시'는 검객의 검기처럼, 으악새의 가락처럼, 한없는 노래처럼, 사라져가는 새벽달처럼, "죽어도 죽지 않는 심지"(「하중동 연가」)처럼, 필연의 벼랑과 자발적 고통으로 스스로를 몰아간다. 하지만 그 선연한 고통을 딛고 그는 여전히 '시'를 써간다. 그리고 이러한 '시'를 향한 열정과 자각은 그가 가 닿기를 열망하는 신성의 경지를 필연적으로 불러오게 된다.

4.

우리가 잘 알듯이, 우리가 사는 현대 사회는 최상의 효율성과 수행성으로 인간을 판단하고 서열화한다. 이러한 세속화 시대는, 신성 추구의 열망이나 근원 지향의 언어를 타자화하거나 부차화하게 마련이다. 그래서 우리가 시를 통해 겪는 '영적 체험'은 모순된 얼굴을 하고 있고 스스로 분열되어 있다고 할 수 있다. 그 두 얼굴은, 자끄 마리땡의 말처럼, 한편으로는 절대자에 견주어 자기 자신을 결정짓는 방식을 수락하면서도, 또 한편으로는 절대자의 표상 자체를 거부하는 열정으로 나타난다. 그래서 분열된 자아와 세계의 통합 과정이자 자기동일성의 상상적 구축 작업이 필요한 것이다. 이때 신성 지향의 상상력은 우리에게 더없는 위안과 치유의 상상적 거처를 마련해주는데, 김윤환 시인은 가장 먼저 '이름'을 호명한다.

> 이름은 원래 사람의 것이 아니었다 본명의 어깨에 견장처럼 올라 앉아 평산을 넘어 악산을 넘어 구름에 손닿을 듯 산을 오르던 예명이 있었다 험산계곡의 바쁜 물줄기 천둥을 따라 아래로 치닫는 밤에 하구河口 어디쯤에서 마침내 호명(呼名)에 귀 막고 하얀 포말로 흩어진 이름이 있었다 예명은 상등을 켜고 본명의 장례식을 호상처럼 치르고 있었고 문상객은 저마다의 이름에 검은 리본을 달고 있었다 바람이 불고 있었음으로 향으로 남은 예명도 본명을 따라 마침내 하늘로 떠났으리라 이름은 이제 위패를 장식하는 작은 표식으로만 남았다 이름은 원래 사람의 것이 아니었다
>
> —「이름의 풍장風葬」 전문

마치 풍장의 과정처럼 '이름'은 바람에 날려 사라진다. 원래 사람의 것이 아니었던 '이름'은 '본명/ 예명'의 긴장 가운데 있어서, 호명에 귀 막고 하얀 포말로 흩어져갈 뿐

이다. 허구의 상징이기도 한 '예명' 이 실재의 상징인 '본명' 의 장례식을 치를 때 문상객들은 저마다의 '이름' 에 검은 리본을 달고, 마침내 '예명' 도 '본명' 도 모두 떠나가 버린다. 이제 '이름' 은 "위패를 장식하는 작은 표식으로" 만 남아 "원래 사람의 것" 이 아니었던 자신의 운명을 선명하게 보여준다. 이처럼 시인은 바람에 날려 시신이 모두 '사람의 것이 아니었던 것' 으로 되돌아가는 풍장의 과정처럼, 우리가 살아가면서 허식처럼 두른 '예명' 이나 맨얼굴인 '본명' 도 모두 '사람의 것이 아니었던 것' 으로 돌아간다는 우화(寓話)를 제시함으로써, 우리의 기원이 어떤 신성한 것으로부터 연원한 것임을 에둘러 알려준다. 그곳은 "천상에서 지상으로/ 제 분신을 내려놓는/ 씨알의 이치" (「꽃의 눈」)를 깨닫게 하면서, 우리의 존재론적 거처를 새삼 알게 해준다.

예수가 말씀하다 튀었을
침 한 방울
그 제자가 길을 찾다가 흘렸을
염루念漏 한 방울

그 제자의 제자가
나무 아래 왔다가

제 입술에 물려 흘린
피 한 방울

아득한 우주의 바람 한 점
울음 대신 알알이 맺힌
방울방울들

초생달 쓸쓸한 새벽
말없이 말씀하는
행단杏壇 아래
천고의 숨이 되는
은행 한 알 줍는다

—「은행 한 알을 줍다」 전문

여기 나오는 "은행 한 알" 역시 역사적 예수를 만나고 존재 전환을 했던 시인의 아프고도 절절한 자기 투사(投射)가 이루어진 사물일 것이다. 시인은 오래 전 예수가 말씀을 하시다 침이 튀었을 것이고, 그 제자가 길을 찾다가 눈물을 흘렸을 것이고, 또 그를 이은 제자들이 피를 흘렸을 것이라고 상상한다. 그 "침 한 방울"과 "염루念漏 한 방울"과 "피 한 방울"과 "아득한 우주의 바람 한 점"이 모두 협업하여 '지금 여기'의 "은행 한 알"로 현신했음을 시인은 상상하는 것이다. 그렇게 울음 대신 알알이 맺힌 방울방울들이 "말없이 말씀하는 행단杏壇"은 말씀의 제단으로 몸을 바꾸면서 "천고의 숨"을 하나하나 만들어낸다. 만물의 상호연관성 속에서 신성하기만 한 '침묵의 소리(sound of silence)'를 듣고 있는 시인의 밝은 귀가 선명하게 오버랩되는 순간이 아닐 수 없다.

소사역에서 출발한 막차는
쌀이 많이 났다는 미산리를 지나
소금밭이었던 포리염전을 지나
매화꽃 없는 매화리를 지나
연꽃이 피는 하중리 관곡지를 지나
녹향병원 앞에서 멈춰섰다
병실마다 미등은 켜지고
병원 앞 교회당 십자가는
빨갛게 익어갔다

버스에서 내리는 사람들의
시간은 언제나 자정
응급실 앞 빨간 십자가
누군가는 죽고
누군가는 살았다

시간의 임계점臨界點
녹향병원 앞 은강교회
붉은 십자가
유난히 붉다

—「녹향병원 앞 은강교회」 전문

이 작품은 사제로서 시인이 겪은 구체적 경험을 밑그림으로 하고, 그 안에 역시 신성한 힘이 삶을 이끌어간다는 고백을 깊이 함축하고 있다. '소사역' 이나 '미산리', '포리염전', '매화리', '하중리 관곡지', '녹향병원' 등의 구체적 연쇄가 이 시편의 체험적 진실성을 높이고 있다. 바로 여기가 시흥의 은강교회, 곧 김윤환 시인이 목회를 하는 곳이다. 교회가 병원 앞에 있기 때문에 시인은 언제나 병실의 미등과 교회당 십자가를 깊이 대조적으로 기억하게 되고, 자정에야 이곳에 내리는 사람들의 고단하게 휘인 등을 오래도록 바라보게 되었다. 그렇게 "시간의 임계점臨界點"에 있던 "녹향병원 앞 은강교회/ 붉은 십자가"는 그가 실존적으로 져야 할 십자가인 동시에 그것을 통해 세상을 밝혀가야 할 십자가였던 셈이다. 이는 그의 목회가 자정에 가까운 삶을 살아가는 이들과 함께하는 일임을 어렵지 않게 알 수 있는 대목이 아닐까 한다.

구순九旬의 어머니
눈만 뜨면 말씀 하시네
그저 눈 질끈 감고 살아라
어둠은 물리치는 것이 아니라
모른 척 눈 감는 거야
더러는 눈 감아야
안 보이던 길도 보이는 법이란다
그래서 하나님이 우리에게
눈꺼풀을 붙여 주셨는가
힘들면
눈 한번 질끈
감으라고

—「눈꺼풀」 전문

이 아름다운 시편은 "구순九旬의 어머니"께서 주시는 성스러운 말씀을 아스라하게 담고 있다. 어머니는 자식에게 '어둠'을 물리치려 하지 말라고, "그저 눈 질끈 감고" 살아감으로써 "안 보이던 길도 보이는" 것이라고 가르쳐주신 것이다. 신이 우리에게 주신 '눈꺼풀'의 용처(用處)가 바로 어둠을 떠나보내는 순간에 있음을 암시하는 이 말씀은, 시인 김윤환의 오랜 인생론적 지남(指南)이 되어주신 것이다. 그것은 지상의 삶이 평화와 안식으로 충만하지 않고 카오스와 상처로 가득하다는 것, 그리고 자식의 삶이 훼손된 신성의 흔적에 대한 안타까움과 그것의 회복을 담아야 한다는 것을 에둘러 말씀해주신 것과도 같을 것이다. 시인에게는 소중하기만 한, 더없이 영혼을 파고드는 목소리이지 않았을까 한다.

지금까지 우리가 천천히 읽어온 것처럼, 김윤환 시인은 신성한 것을 지향하는 마음과 사제로서의 구체적 경험을 통해 현실에서는 불가능한 존재 전환을 꿈꾸고 있다. 그리고 일상적이고 물리적인 현실을 훌쩍 벗어나 전혀 다른 신성한 곳으로 존재의 중심을 이동하려고 한다. 그 공간에서 이루어지는 시적 경험은, 뭇 사물로 권역을 넓혔다가 다시 자기 자신에 대한 발견으로 회귀하는 과정을 일관되게 밟아간다. 그 경험의 진자운동 속에서 우리는 '사랑'과 '그리움'과 '시'와 '신성'이 빼곡한 내질(內質)로 출렁이는 순간들을 아름답게 목도한다. 그리고 출렁임이 한동안 지속될 것임을 믿는다. 그래서 우리는 김윤환 시인이 보여준 흔치 않은 사랑의 기억과 신성 지향의 시학이, 많은 이들의 가슴에 절절한 감동을 두루 생성해가기를, 마음 깊이, 희원해보는 것이다.